산후 우울증 탈출 스토리

초보 엄마로 살아남기

초보 엄마로 살아남기

산후 우울증 탈출 스토리

테레사 웡 글·그림
정미현 옮김

북멘토

초보 엄마가 된 당신,
당신을 아내로 둔 초보 아빠,
당신을 딸로 둔 친정 부모님,
당신을 며느리로 둔 시부모님,
당신을 둘러싸고 있는 모든 사람들에게

사랑하는 딸 스칼렛에게

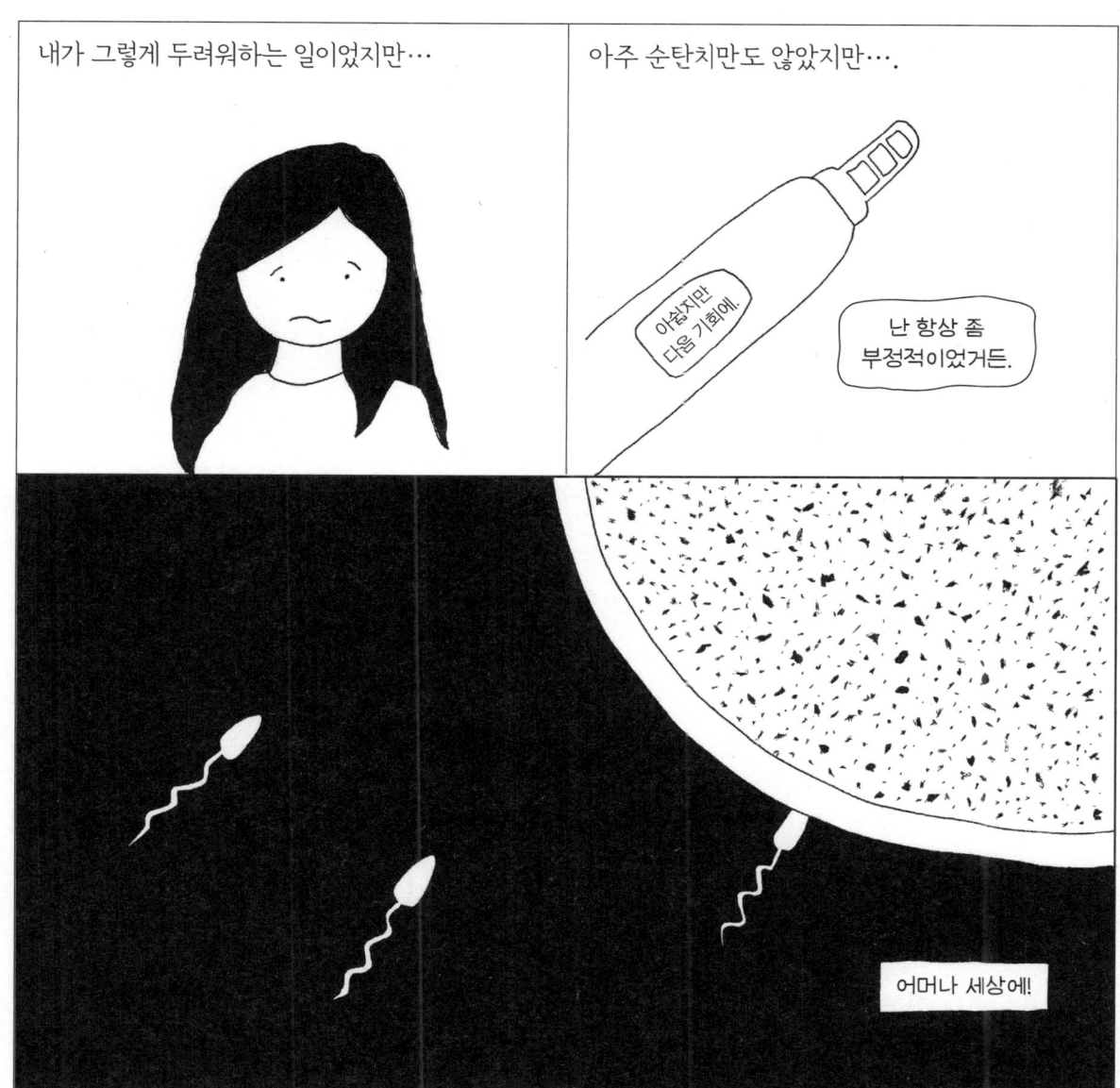

임신 기간의 내 몸 상태

✳ 심약자 주의 ✳

그렇게 토하고도 아직 살아 있다니….

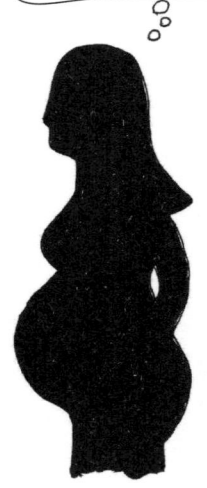

이렇게 피곤한데 여태 살아 있는 게 기적이야.

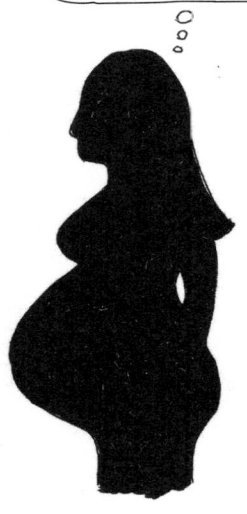

제발 날 죽여 달라고!

임신 초기

밤낮 없이 입덧을 달고 살았어. 그중 가장 기억에 남는 건, 어느 날 출근해서 믹스베리 스무디 한 잔을 마신 후에 덮친 입덧이야. 얼마나 대차게 토했는지 화장실 한 칸의 변기며 바닥이며 벽이며 온통 토사물 천지였지. 마치 텍사스 전기톱 연쇄 살인마가 다녀간 현장 같았다니까.

임신 중기

난 몸통이 짧은 편인데 넌 보통 크기의 태아였어. 그러니까 너는 처음부터 꽤 비좁은 공간에서 지낼 수밖에 없었지.
난 네가 배 속에서 이런 자세로 지낼 거라고 상상했어.

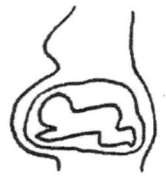

슈퍼맨 자세

임신 후기

자칫하면 자궁 경관이 막힐 수 있다고 해서 예정일이 다가오는 동안 초음파 검사를 수도 없이 했어.
초음파 검사를 할 때마다 의사는 이렇게 말했단다.
"와, 아기가 털이 아주 많네요!"
내 안에 있는 네가 (털 난) 진짜 사람이라고 생각하니 얼마나 가슴이 두근거렸는지 몰라.

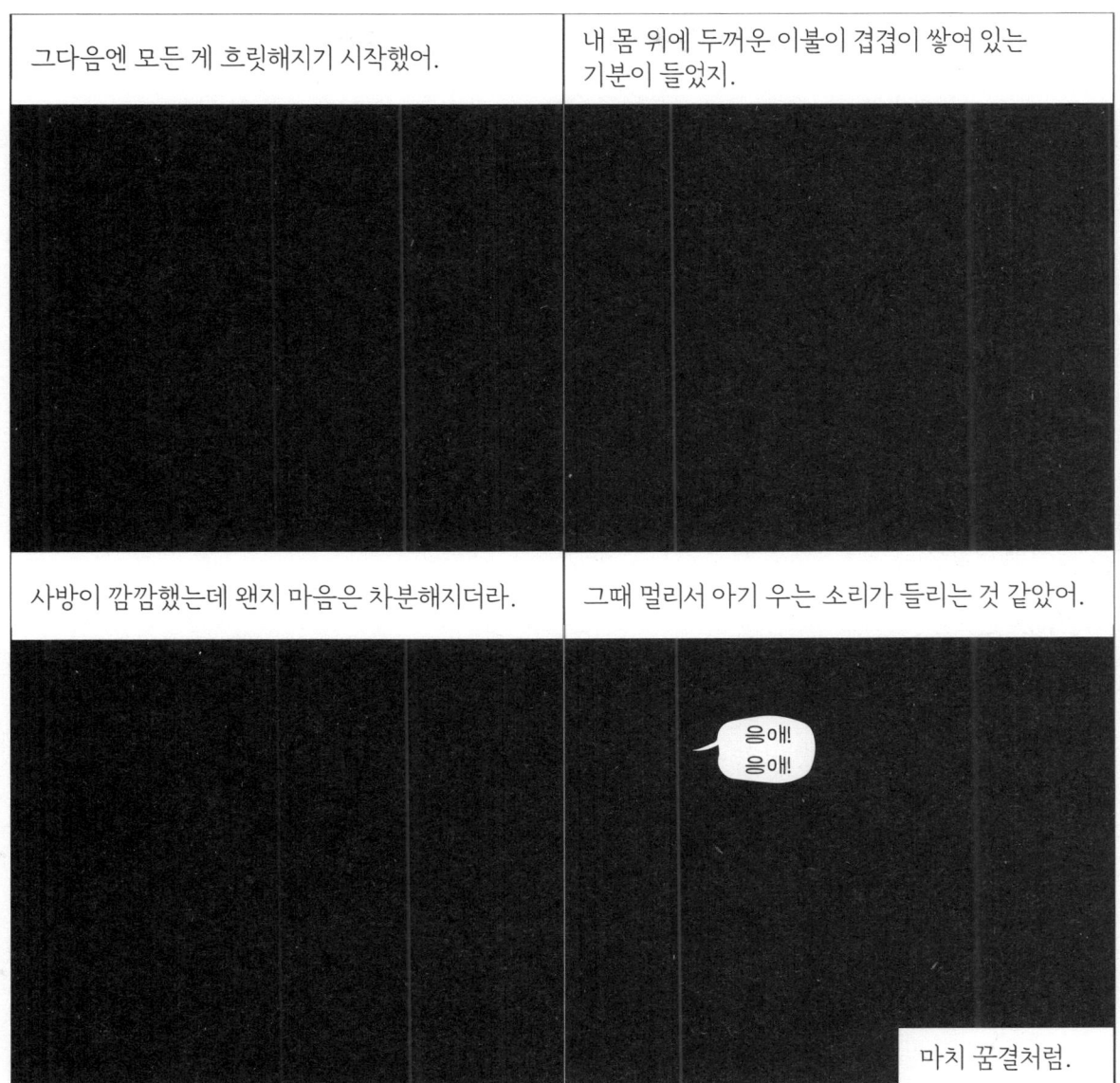

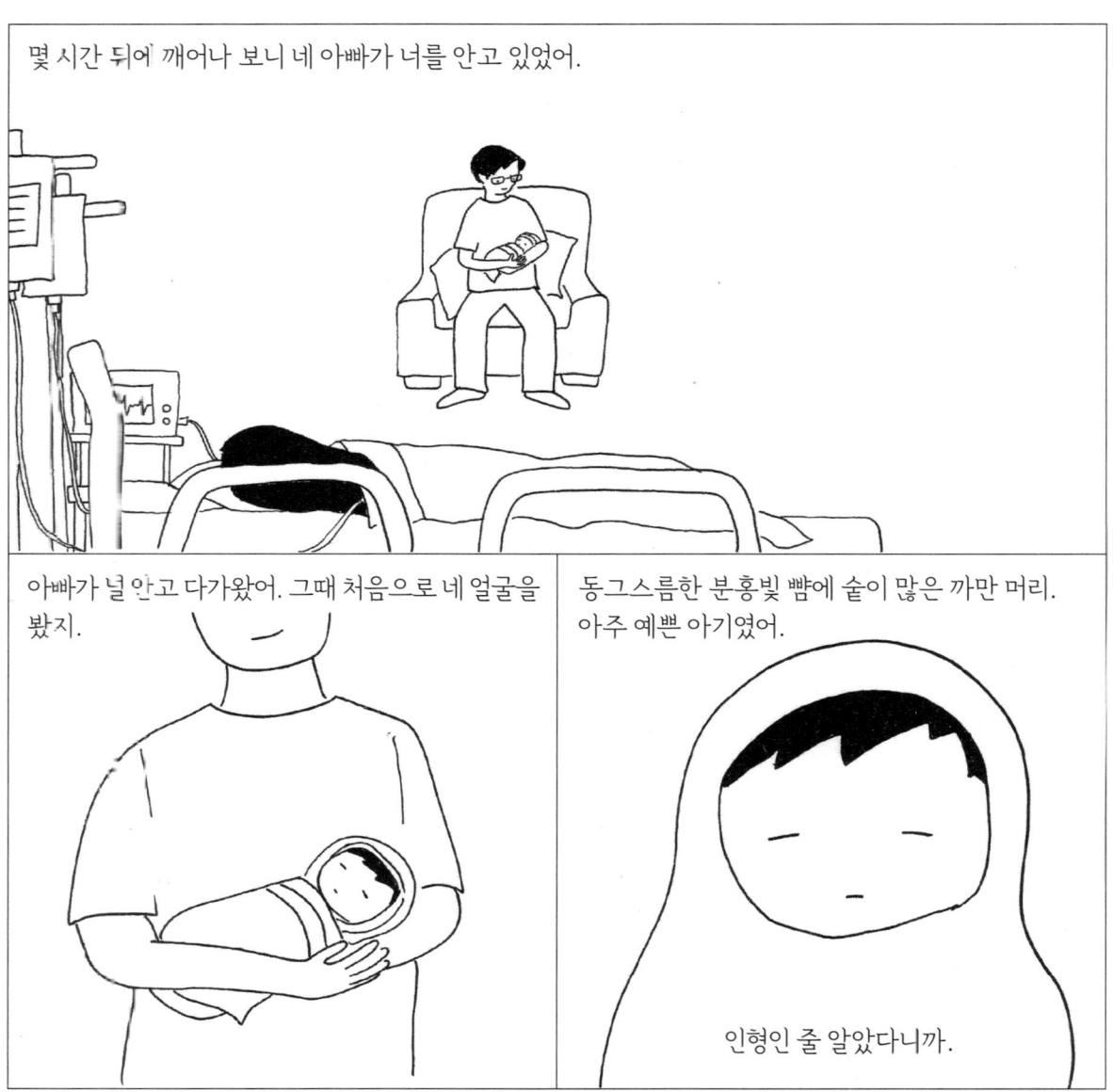

화장실에서 엄마가 된 내 모습을 처음 보았어. 얼굴은 퉁퉁 붓고, 머리카락에는 토한 게 떡져 있고.

기분도 엉망인데 몰골은 더 끔찍했지.

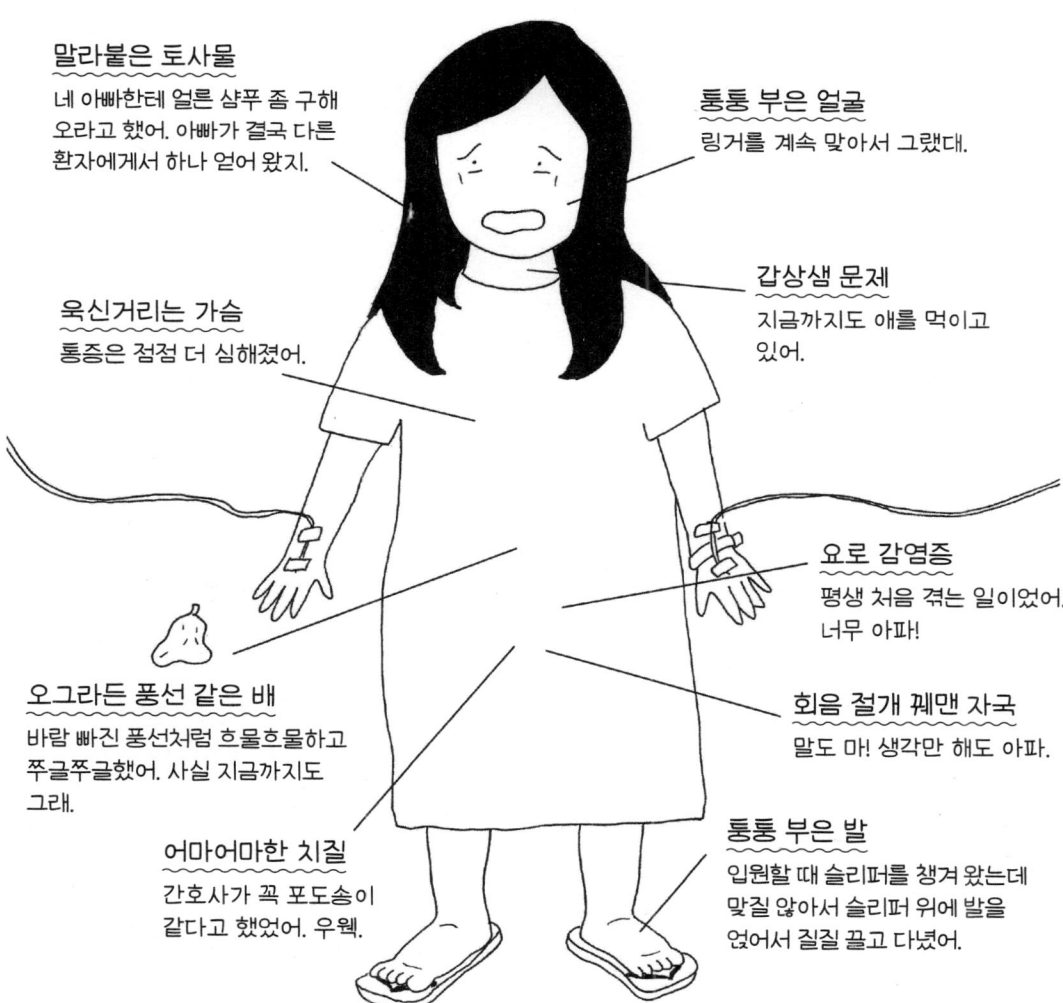

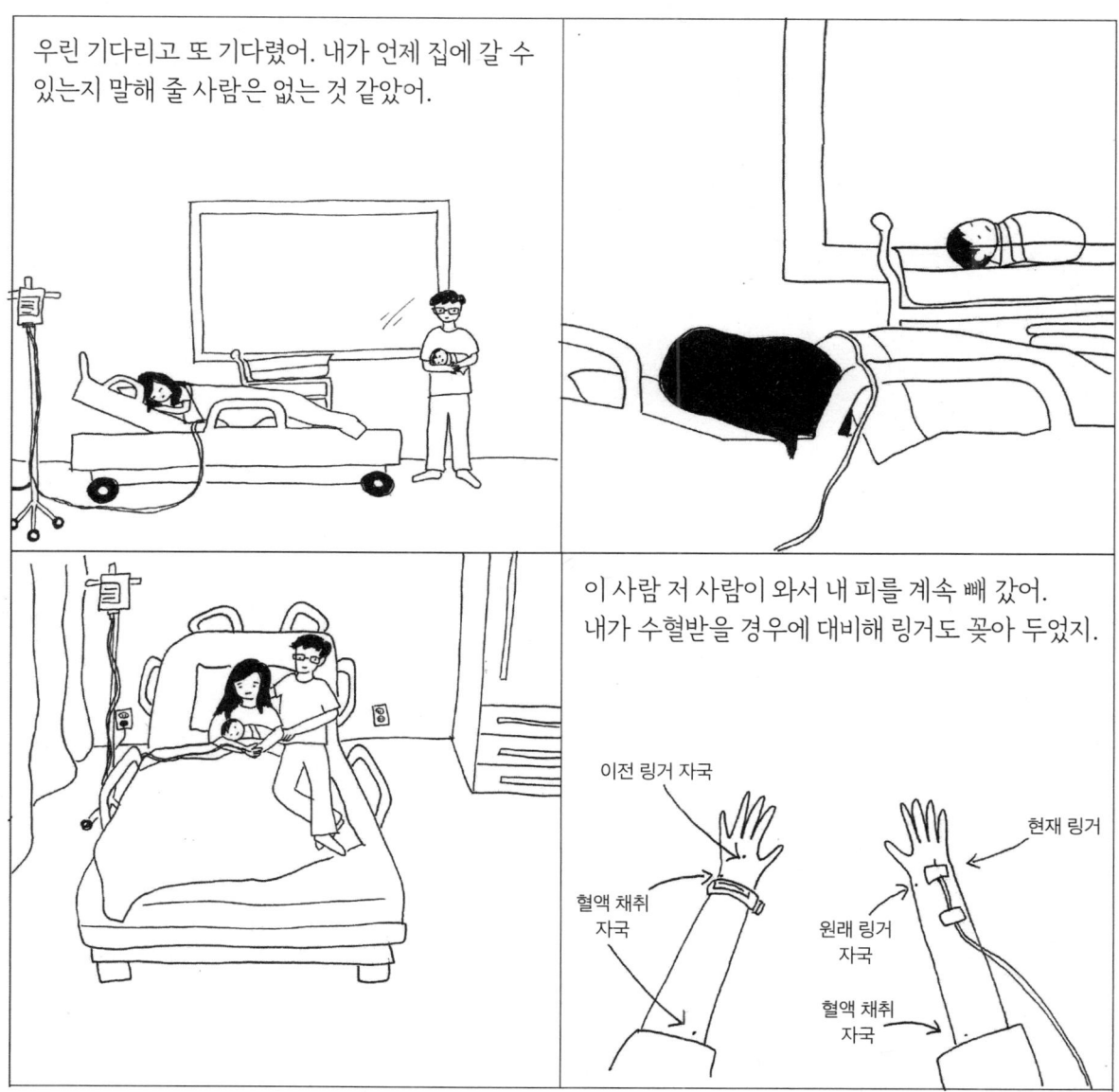

그날 저녁, 너를 내려놓고 잠을 좀 청할라치면 넌 귀신같이 알고 울음을 터뜨렸어.

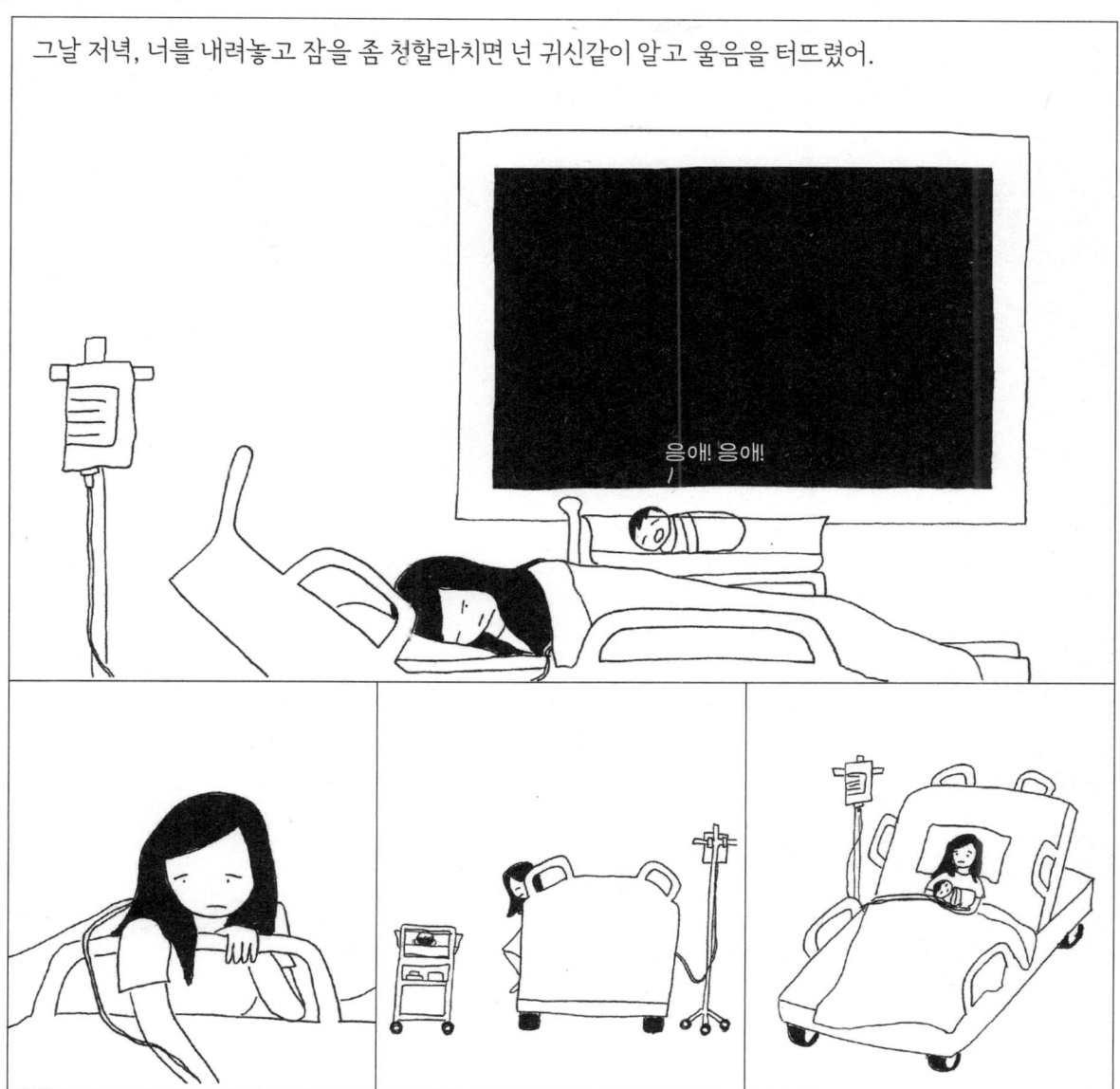

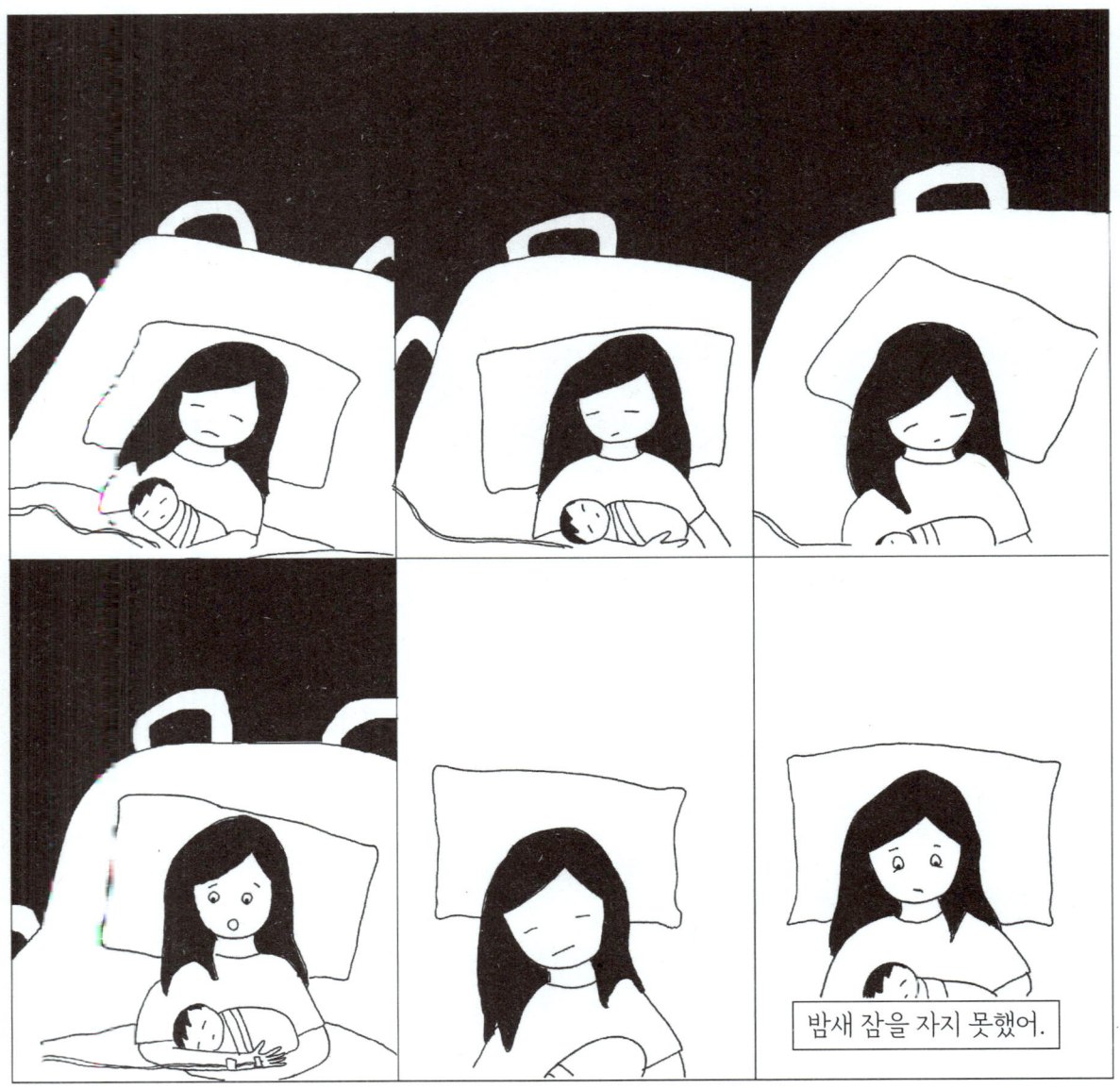

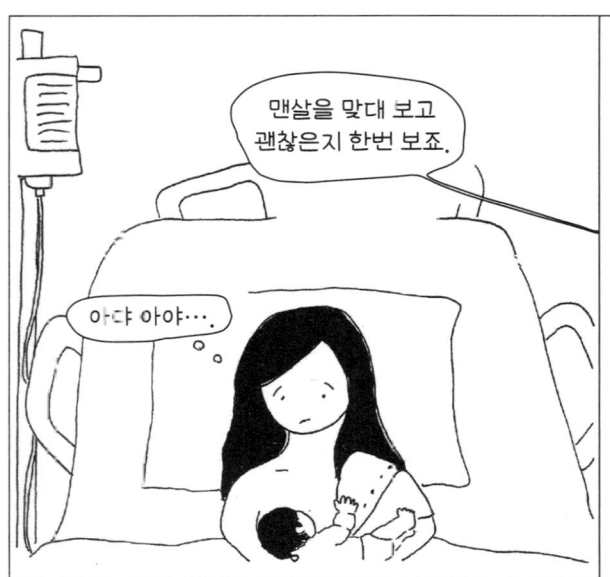

얼마 지나지 않아 내 젖꼭지는
은통 둘집투성이가 되고 말았어.

그래서 수유 상담을 받기로 했어.
물론 유축도 계속했지.

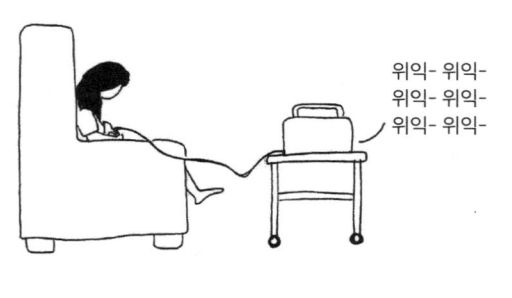

그 뒤로 라즈베리가
예사로 보이지 않아.
왠지 친숙하달까?

난 모유 수유를 더 이상 하고 싶지 않았어.
그런데 나쁜 엄마도 되고 싶지 않았지.

네가 태어난 지 사흘째 되는 날, 우린 병원에서 나왔어.

젖병이랑 분유를 꼭 사야 돼요.

드디어 병원을 나가게 되다니, 이게 꿈이야 생시야.

넵!

얘를 고이 살아 있게 하려면 어떡해야 할까?

준비 다 했으니까 닥치면 잘할 거야.

철분제랑 변비약도 잊으면 안 돼요!

넵!

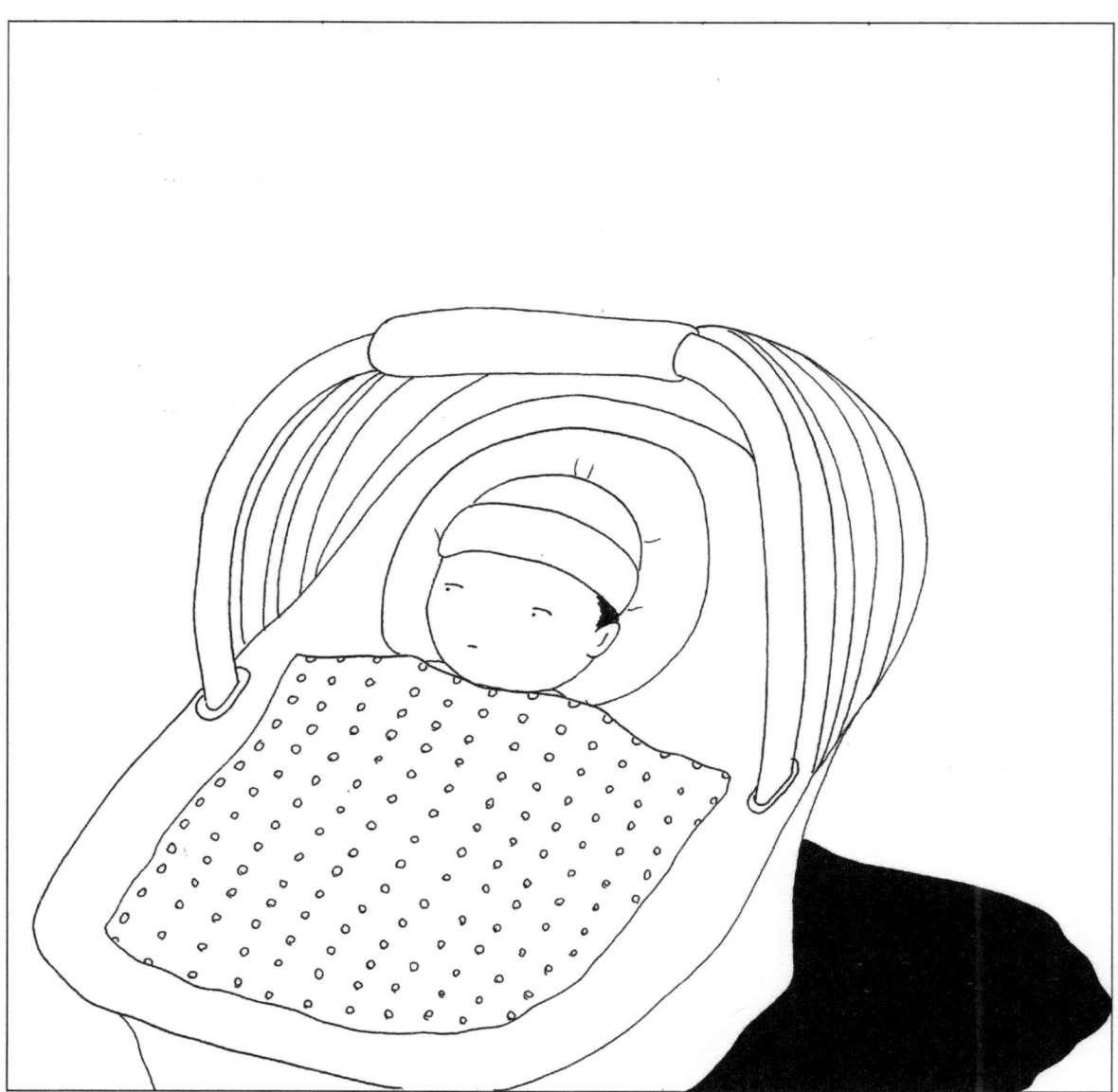

다행히 그분은 진심으로 내 말에 귀를 기울여 줬어.

하고 싶지 않으면 어떤 것도 할 필요가 없어요.

더구나 안색이 너무 백지장 같아요. 모유 수유를 할지 말지 결정하는 문제와 별개로 혼합 수유를 해야 할 것 같아요.

그동안 남의 의견이 왜 그렇게 중요했는지 모르겠어.

바로 그때 내가 듣고 싶었던 그 말이 들려왔어.

괜찮을 거예요.

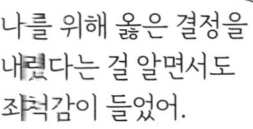

분유 수유 결정으로 내 몸도 얼마나 고생했는지 몰라. 젖이 점점 차오르더니 급기야…

멜론 두 덩어리!

아기가 젖을 먹지 않으면 엄마는 무시무시한 젖몸살을 앓게 돼. 통증을 줄이는 데는 이런 방법들이 있지.

냉찜질하기

뜨거운 물줄기 맞기

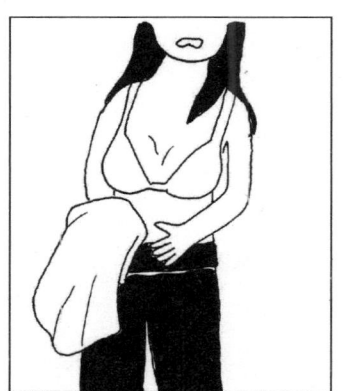

꼭 끼는 브래지어 착용하기

나흘 후, 네 아빠는 다시 출근을 시작했어. 처음으로 너하고 단둘이 보내는 시간이었지.
온종일 널 안고 소파에서 꼼짝도 못 한 채 시간을 보냈어.

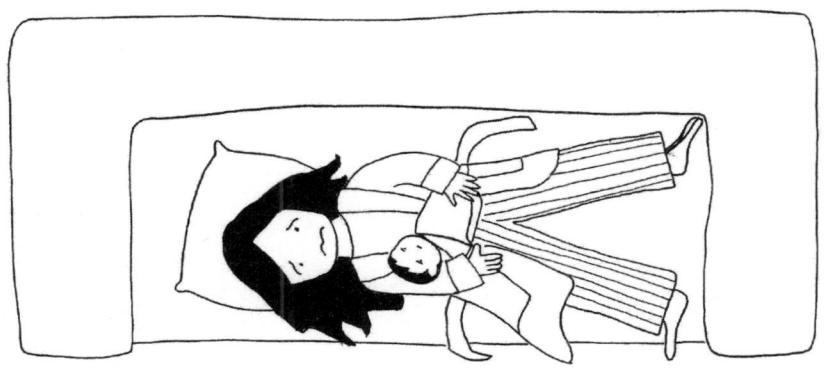

널 재우려고 짐볼에 앉아
계속 움직였어.

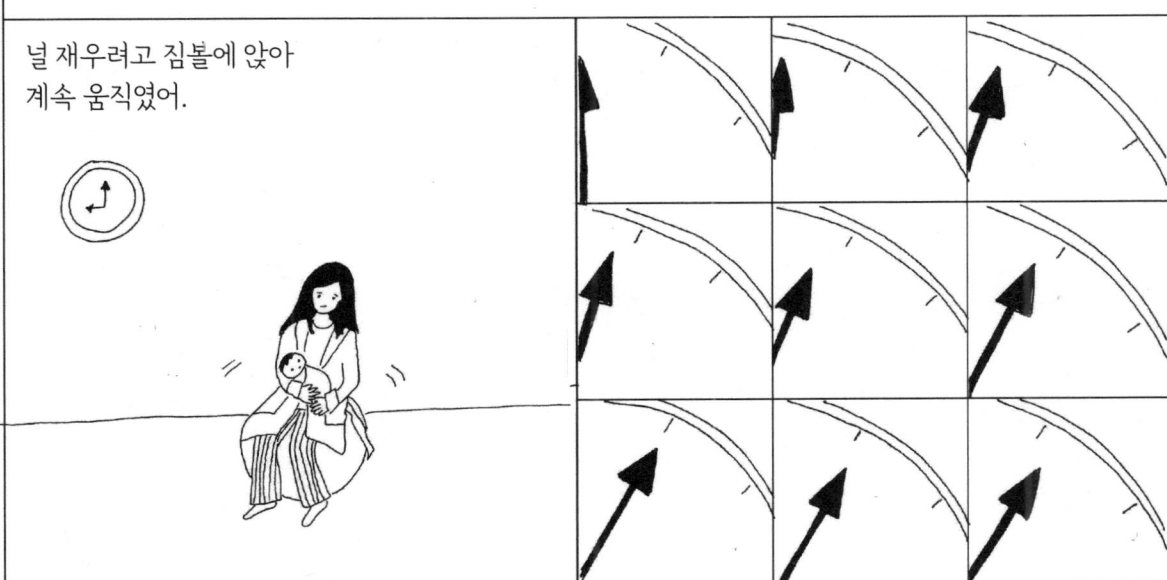

또 짐볼 바운스를 했어. 제발 네가 더 오래 자길 바라면서. 정말 진이 빠지고 돌아 버리겠더라.

그것도 소용없을 때는 분유를 먹여 보려고 했어.

고작 앉아 있는 것뿐인데. 왜 난 앉아 있는 것도 못할까?

이건 정말 내 일이 아닌가?

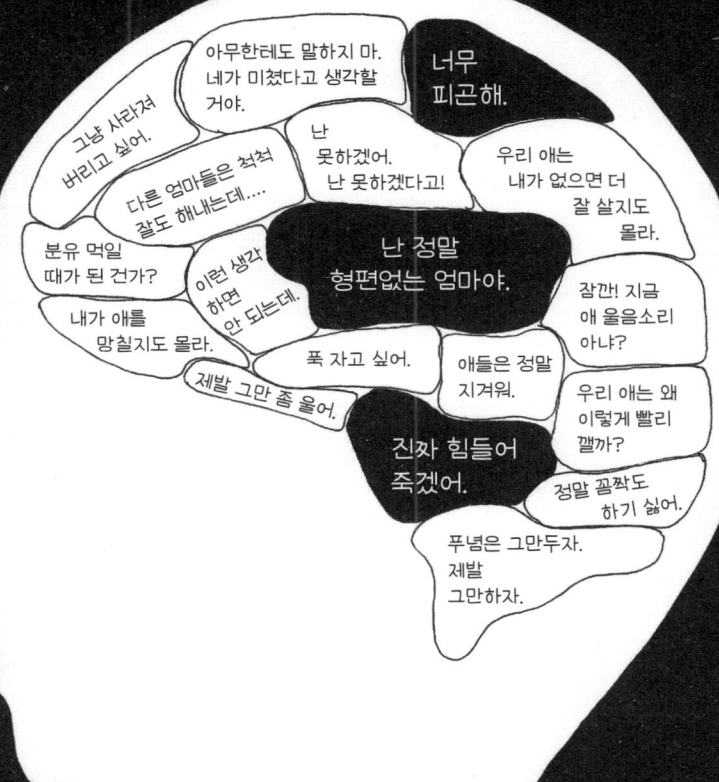

마트의 커다란 과일 상자에 기어들어 가서 내 위로 사과가 비처럼 우수수 쏟아지는 꿈을 꾸는 것 같았어.

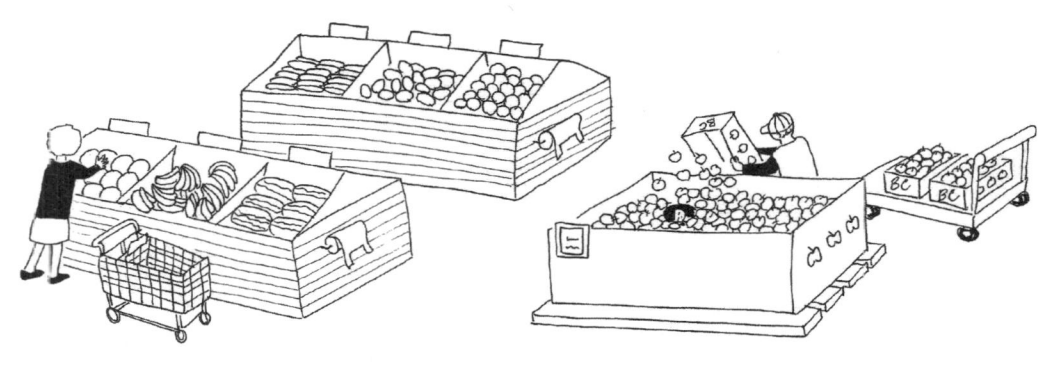

그러면서도 네가 엄마 없이 자란다고 상상하면 견디기 힘들었어.

뉴스를 보는데 너무너무 작은 새끼를 낳은 동물원의 시베리아 호랑이 이야기가 나왔어.

220킬로그램이 넘는 어미가 900그램짜리 새끼를 낳았다고?

그런데 어미 호랑이가 너무 서툴러서 새끼를 잘 보살피지 못했어.
어느 날 새끼를 너무 세게 물고 옮기다 그만 죽고 말았대.

동물은 자기 자식을 학대한다고 비난받는 일이 없어. 자기 새끼를 나 몰라라 해도 말이지.
그런데 인간 세상에서 엄마는 자기 아이를 제일 중요하게 여겨야 해.
그러지 않으면 완전히 죄인 취급을 받지.

물론 좋은 엄마라면 자식에게 설렁설렁하는 법이 없지.

나의 어머니
(너의 외할머니)

네 외할머니는 매일 집에 들렀어. 표면상으로는 널 돌봐 준다는 이유였는데 사실은 나를 보살피러 오신 거지.

넌 눈 좀 붙여. 분유는 내가 먹일게.

중국에서는 출산 후 한 달 동안 산모와 아기가 꼼짝없이 집에만 있어야 해.

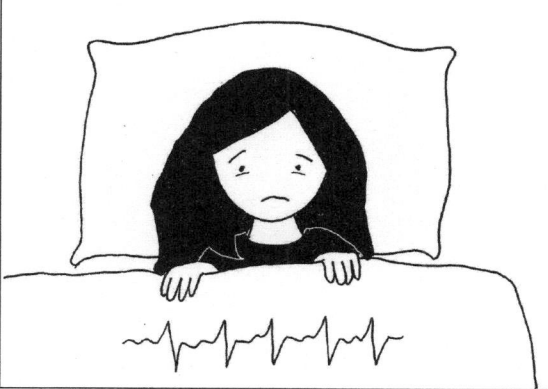

출산한 산모가 몸을 추스르는 동안 할머니는 마음껏 손주를 봐 줄 수 있지.

♪ 멍멍 개야 짖지 마라….

꽤 좋은 관습 같아. 이제 막 엄마가 된 여자가 서둘러 회복해야 한다는 부담이 없잖아.

닭고기 남기지 말고 다 먹어. 내일 더 가져올게.

한편으론 안 좋은 점도 있어.
사람을 너무 고립시키거든.

좁은 벽장 안에 갇힌 느낌이야.

한 달 동안 샤워도 하면 안 된다는데 그건 도저히 못 지키겠더라.

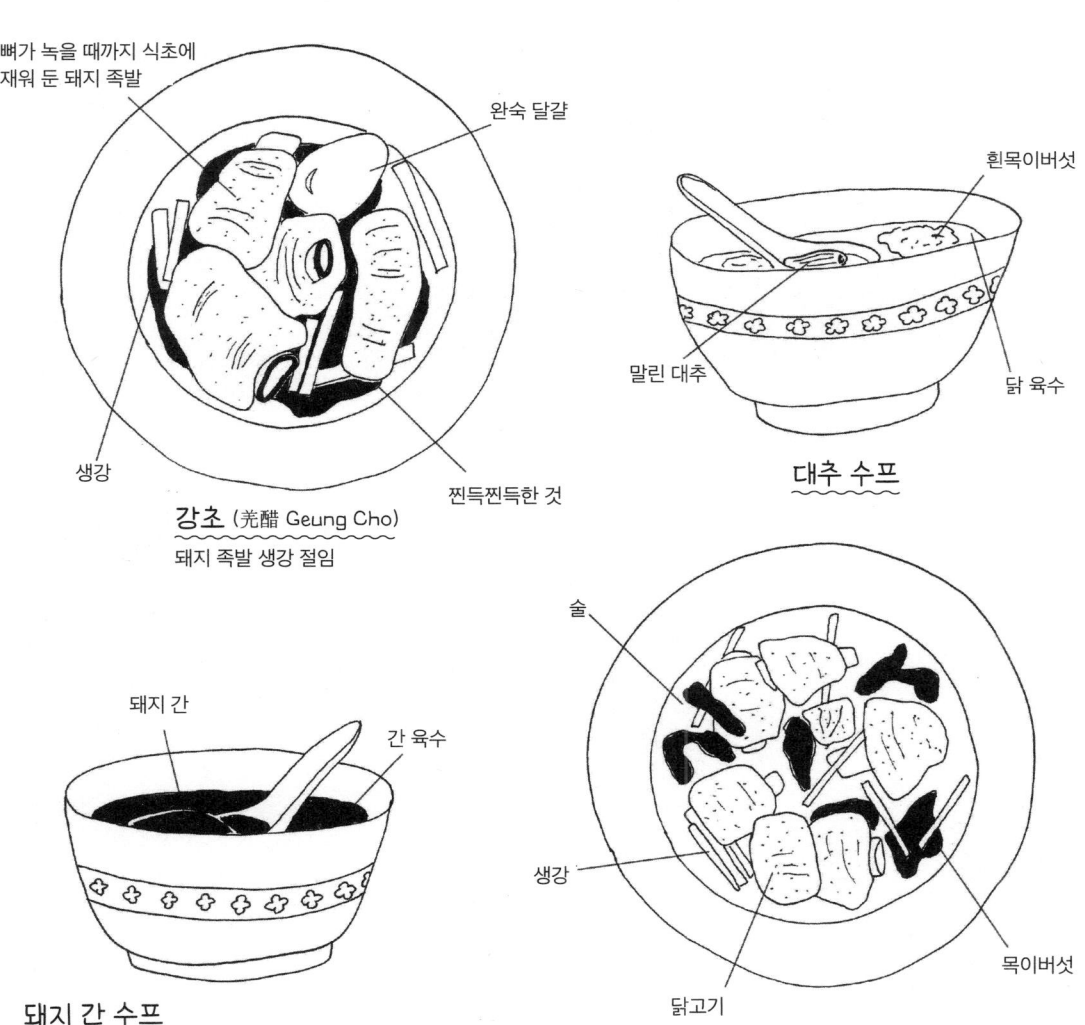

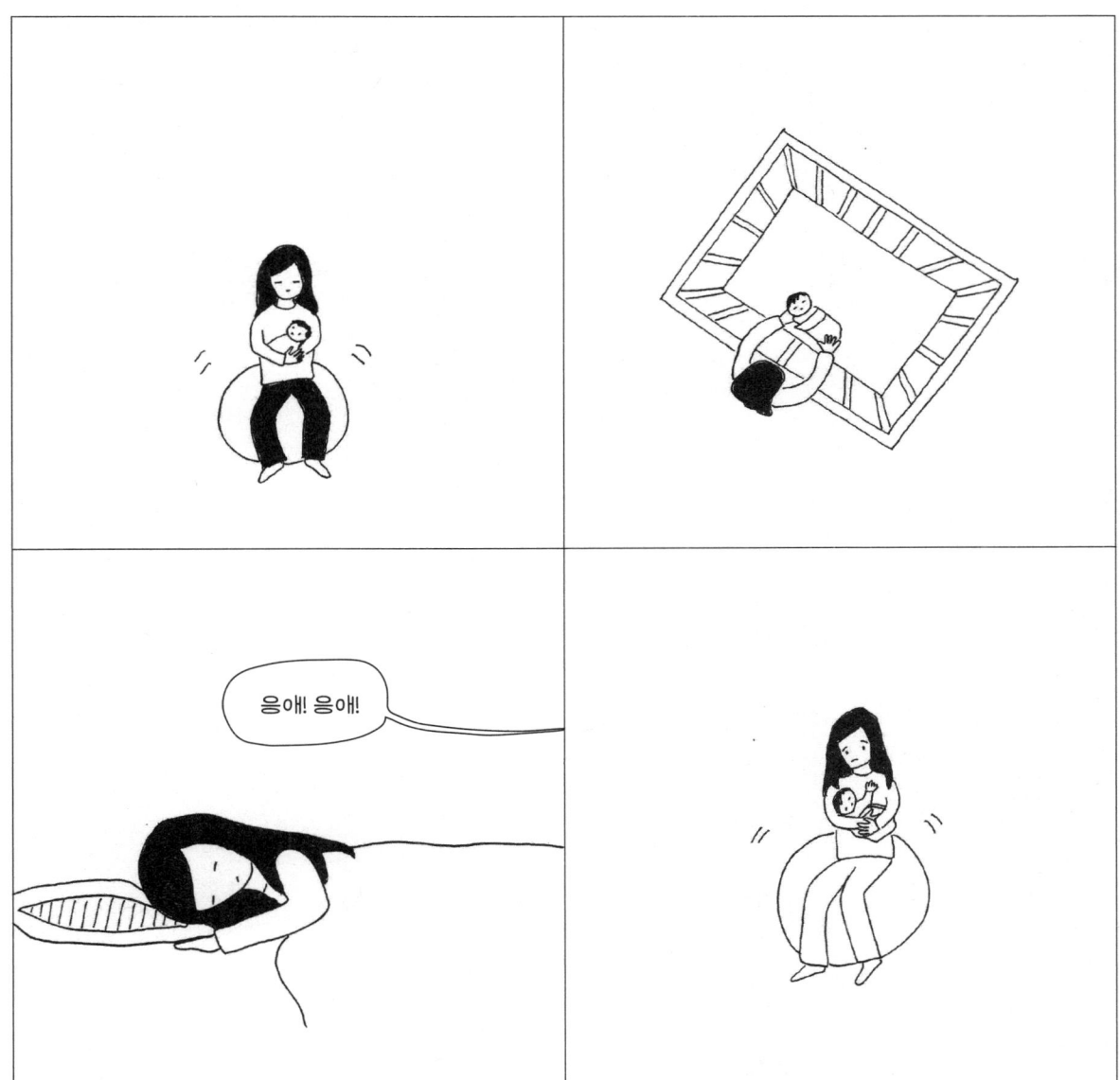

	잠도 자는 둥 마는 둥 했고, 허기도 못 느꼈어.
네 아빠가 퇴근해서 올 때까지 하루하루를 그냥 견뎌 냈지. "두 사람, 오늘 잘 지냈어?" "너무 빡센 하루였어." "가서 좀 자."	

네가 날 좀 덜 찾으면 좋겠다고 생각했어.
넌 고작 생후 6주 된 아기인데 말이야.

그런데 이제 시작일 뿐이었어.

시인 라이너 마리아 릴케가 쓴 편지에
이런 부분이 있어.

아마도 우리를 두렵게 하는 모든 것은 그 가장
깊은 본질에서 우리의 사랑을 원하는 무력한
존재일 것이다.

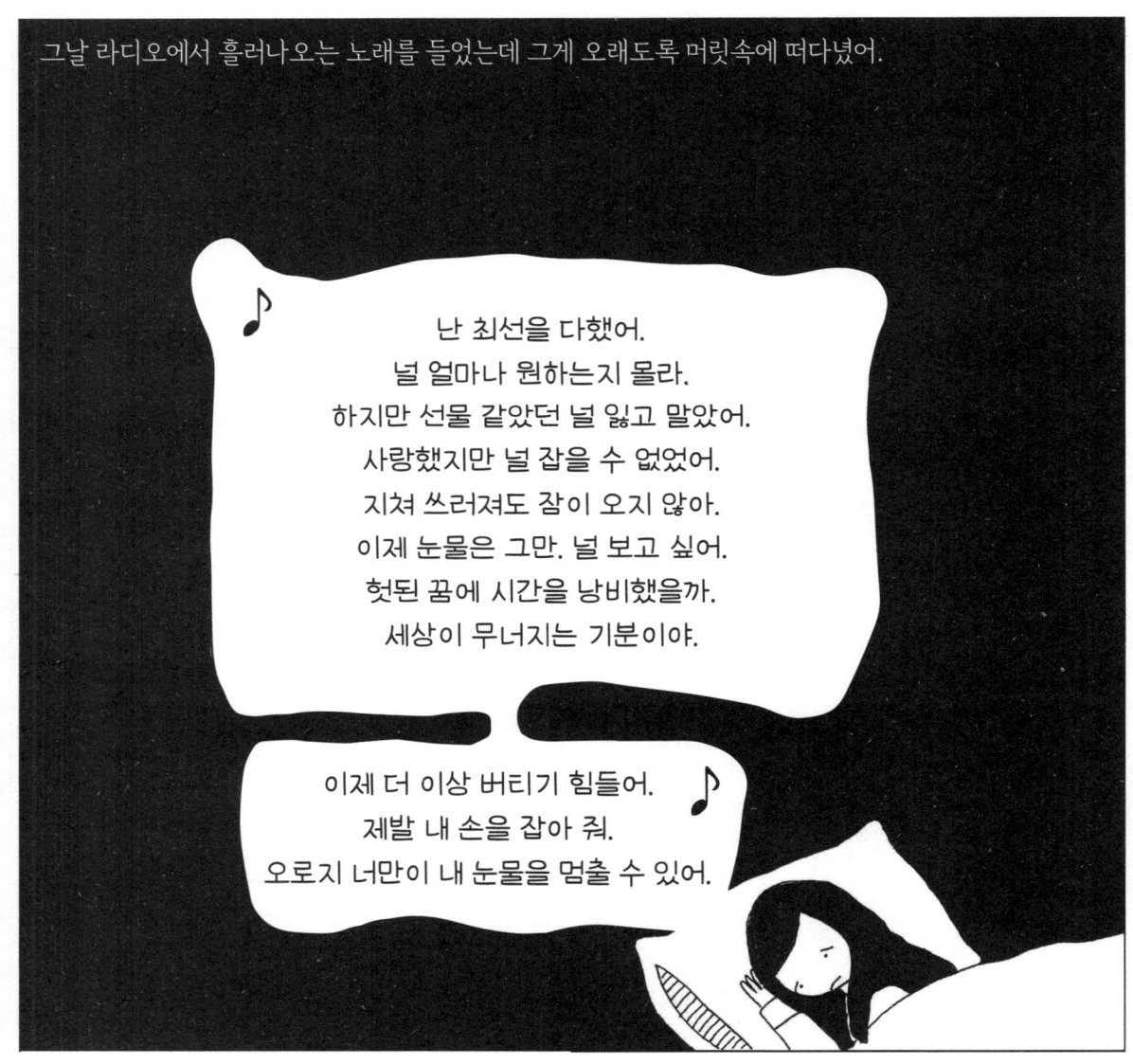

정말 교과서 같은 진단이더라.

산후 우울증 증상

- ☑ 지나치게 많이 운다.
- ☑ 수치심이나 죄책감, 쓸모없다는 느낌이 든다.
- ☑ 자살이나 죽음에 대한 생각이 계속 든다.
- ☑ 입맛이 없다.
- ☑ 수면 패턴이 바뀐다.
- ☑ 피로하고 기운이 없다.
- ☑ 자신이 좋은 엄마가 아니라는 두려움을 느낀다.

내가 상상한 산후 도우미는 분유나 먹이는 나를 못마땅해할 자연주의 어머니상 같은 사람이었어.

그런데 에이제이는 나에게 딱 필요한 사람이었어.

내가 어쩔수 없다는 걸 이해해 줄까?

처음 만났을 때 무슨 얘길 나눴는지는 기억이 안 나. 하지만 내가 했던 질문 하나는 기억해.

제가 슬프다는 걸 아기가 알고 있을까요?

아뇨.

내 기분을 생각해서 그렇게 답했겠지만 정말이지 내가 듣고 싶었던 말이었어.

차를 타고 떠나는데 문득 이런 생각이 들었어.
알게 된 지 고작 세 시간 된 사람에게 갓난쟁이 딸을, 내 유일한 자식을 맡겼구나.

비행기에서 지시 사항을 들을 때와 비슷한 상황이랄까.

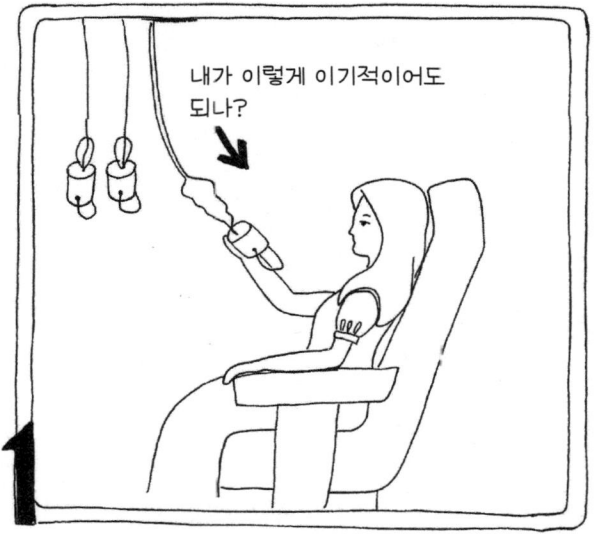

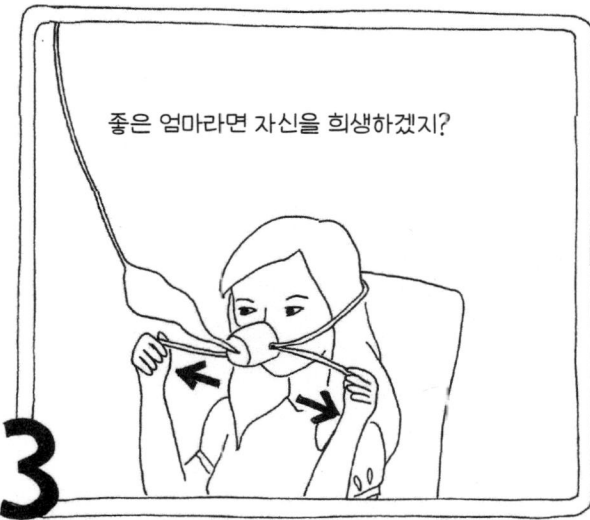

남몰래 창피함과 죄책감을 품은 채 두 달을 보낸 후에야 정식으로 진단을 받은 느낌이 들었어.
날 이해할 만한 사람들에게 상황을 털어놓았지. 근데 날 이해 못 하는 사람들은 이러더라.

"긍정적으로 생각하는 습관을 가지세요."

"너보다 상태가 안 좋은 사람이 얼마나 많은데…."

"제가 지금 산후 우울증을 겪고 있어요."

"저런, 상태가 많이 안 좋은 건 아니죠, 그쵸?"

"그거 나도 다 겪어 본 거야. 괜찮아."

?

산후 우울증을 겪은 엄마들

✶ 심약자 주의 ✶

나의 힘든 상황을 털어놓았더니 자기 이야기를 들려주는 사람들도 있었어.
그런 이야기를 듣고 있으면 친언니가 날 보듬어 주는 기분이었어.

내가 아는 사람 중에도 산후 우울증을 겪은 사람이 의외로 많더라고.
내가 평소에 강인한 어머니라며 존경했던 분들이라 더 놀라웠지.

다들 안경을 썼다는 공통점이 있었는데, 그건 우연의 일치겠지?

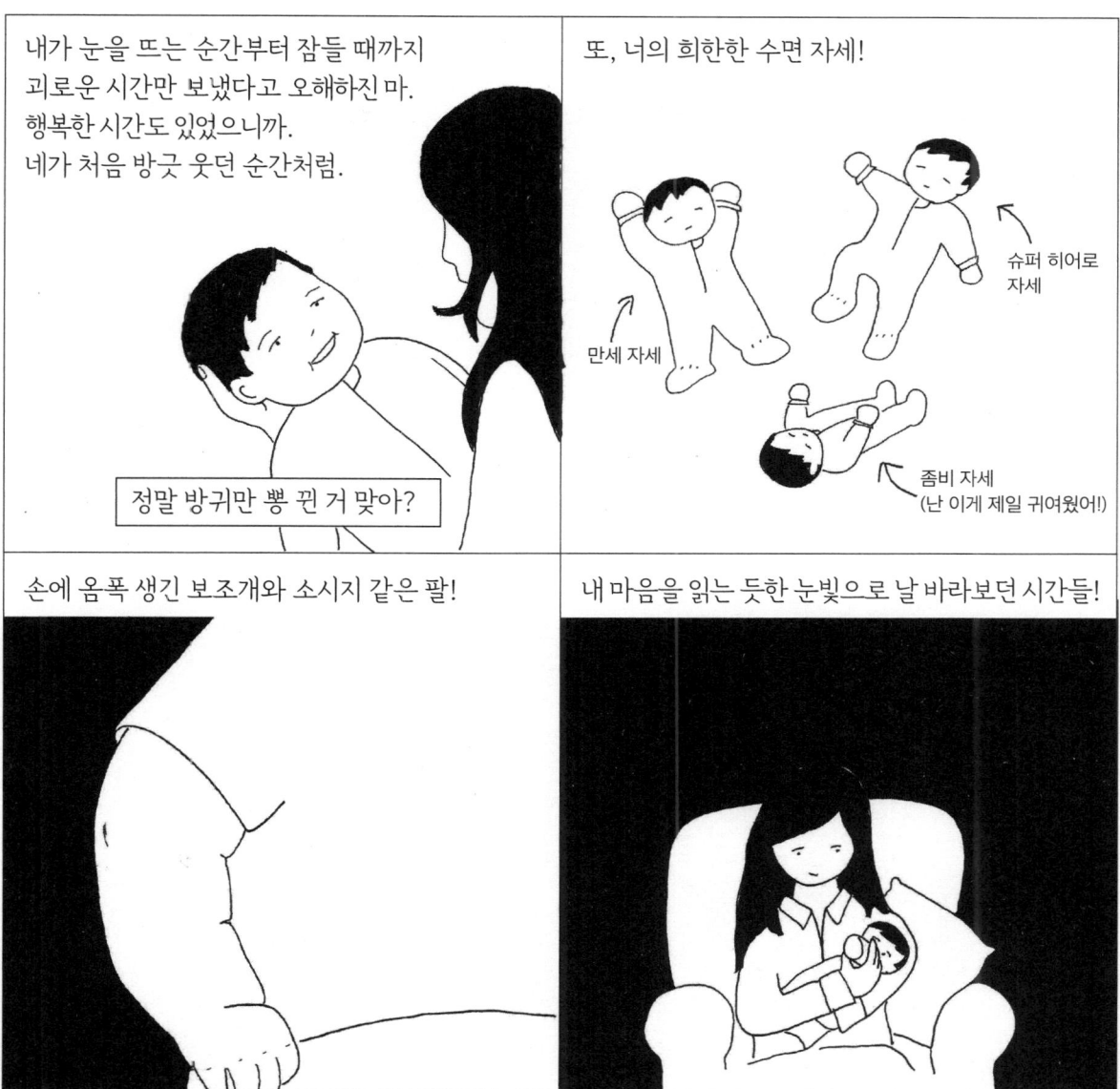

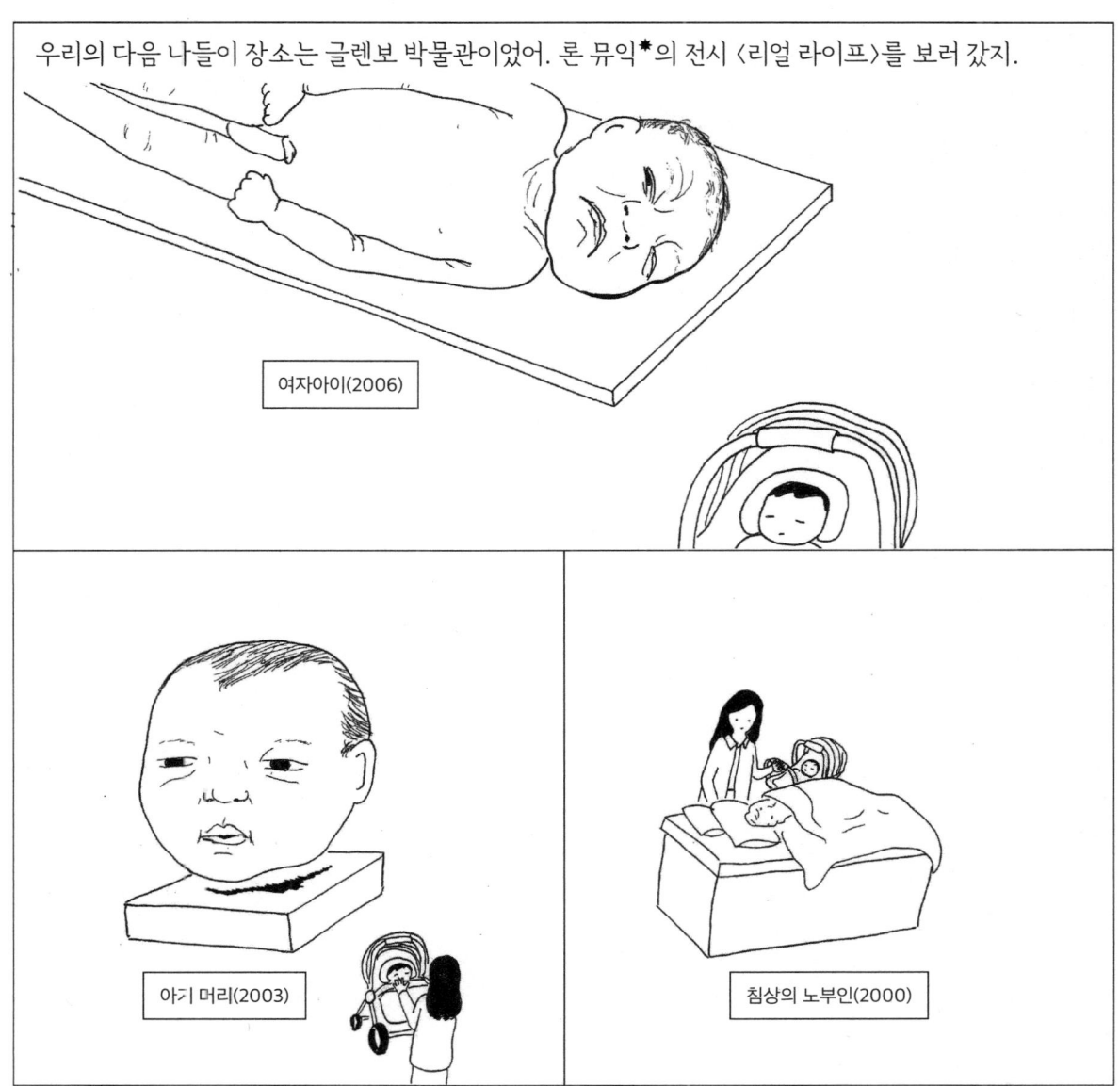

우리의 다음 나들이 장소는 글렌보 박물관이었어. 론 뮤익*의 전시 〈리얼 라이프〉를 보러 갔지.

여자아이(2006)

아기 머리(2003)

침상의 노부인(2000)

✱ Ron Mueck(1958~) 초대형 극사실주의 인체 조각으로 유명한 하이퍼리얼리즘 예술가.

캄캄하고 조용한 곳에 앉아 2.5미터짜리 임산부 형상을 만드는 과정을 영상으로 보는데
나도 모르게 기분이 나아지더라.

운동이 우울증에 도움이 된다고 해서 동네 헬스장을 찾아갔어. 그래서 엄마와 아기가 함께하는 유모차 운동 수업에 등록했지.

솔직히 아기 엄마들을 사귀고 싶은 마음도 있었어.

하지만 런지 동작을 어마무시하게 하고 나니까 내가 실수했다는 생각이 들었어.

바로 그때 강사가 이렇게 말했어.

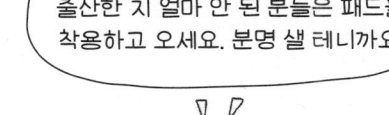

다음 시간에는 달리기를 할 거예요. 출산한 지 얼마 안 된 분들은 패드를 착용하고 오세요. 분명 샐 테니까요!

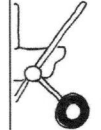

엄마가 된다는 건 내게 자연스러운 일도, 쉬운 일도 아니었어.

패배자가 된 기분에 사로잡힐 때가 많았어.

넌 훨씬 더 좋은 보살핌을 받아야 한다는 생각도 들었지.

내가 할 수 있는 건 네 아빠를 의지하는 것뿐이었어.

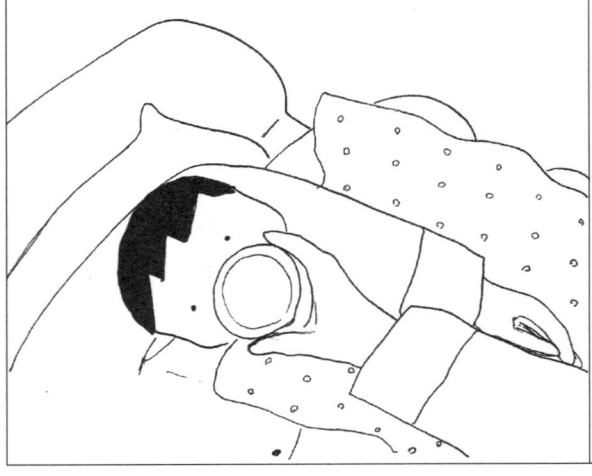

그때는 정말 죽고 싶었는데,
그 힘든 시간을 잘 견뎌 준
나 자신에게
고마워.

난 네가 우울증이나 산후 우울증을 절대로 겪지 않았으면 좋겠어.

하지만 혹시 그런 일을 겪게 되더라도 그게 뭔지 이 엄마가 잘 알고 있다는 걸 잊지 마.

시인 릴케는 슬픔 속에 가만히 머물라고 했어.
그 슬픔이 너를 다른 모습으로 탈바꿈시키도록 가만히 놔두라고.

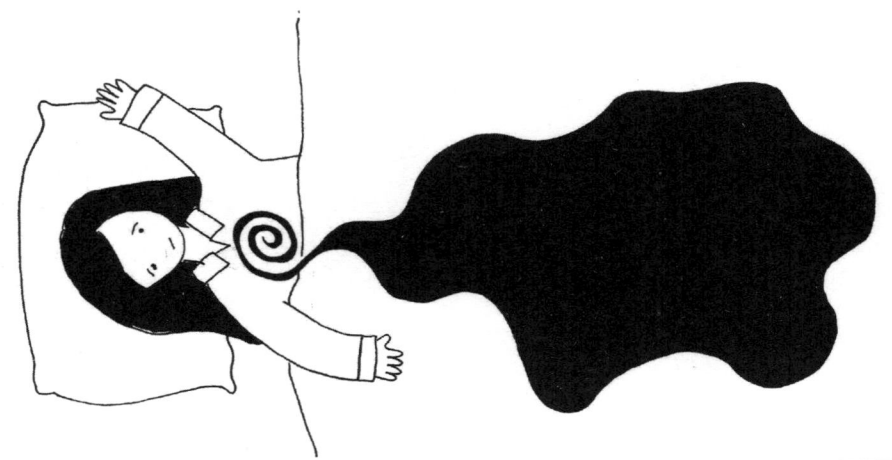